Un poème de cœur, un poème pour la vie

Fédération Enfants et Santé

Un poème de cœur, un poème pour la vie

Recueil du Concours de Poèmes Enfants et Santé
—
Édition 2008

Le Code de la propriété intellectuelle interdit les copies ou reproductions destinées à une utilisation collective. Toute représentation ou reproduction intégrale ou partielle faite par quelque procédé que ce soit, sans le consentement de l'auteur ou de ses ayants cause, est illicite et constitue une contrefaçon sanctionnée par les articles L.335-2 et suivants du Code de la propriété intellectuelle.

© Fédération Enfants et Santé, 2008
Editeur : Books on Demand, 12/14 rond-point des Champs Elysées, 75008 Paris, France
Imprimé par Books on Demand, Norderstedt, Allemagne
Dépôt légal : juin 2008
ISBN : 978-2-8106-0744-0

Avant-propos

Les parents découvrant que leur enfant est atteint d'un cancer ou d'une leucémie entrent dans un véritable drame familial, cruel et injuste.

Il fallait faire quelque chose pour ces enfants et ces familles. Ainsi est née **Enfants et Santé** *qui s'est fixé pour objectif d'aider les enfants et adolescents atteints de cancers ou de leucémies à guérir plus mais aussi à guérir mieux, avec le moins de séquelles possibles.*

Aujourd'hui, **la Fédération Enfants et Santé** *– reconnue d'utilité publique depuis 2005 – est constituée de 11 associations régionales affiliées et apporte son soutien à la Société Française des Cancers de l'Enfant (SFCE):*

- *en finançant le développement des Recherches Clinique et Biologique en Cancérologie pédiatrique pour tous les Centres SFCE en France*

- *en finançant des protocoles spécifiques de recherche à travers les appels d'offre de la SFCE*

- *en participant au développement des projets de recherche translationnels (cliniques et biologiques associés) ainsi qu'à la création de structures pérennes au profit des médecins pour les aider à « Guérir Plus et à Guérir Mieux »*

La Fédération Enfants et Santé *a mis en place un événement national afin de sensibiliser le plus grand nombre aux cancers et aux leucémies des enfants et des adolescents.*

Guidés durant toute l'année dans le cadre d'un projet de classe ou d'école, les élèves ont appréhendé le sujet grâce à un projet éducatif transversal avec leur enseignant (dans différentes matières en adéquation avec le programme).

Après l'appel lancé en septembre 2007, 6 classes de CM2 ont désiré participer à ce concours de poèmes. Le thème est fort : LE SOURIRE.

Leurs poèmes ont été présentés en région dans les centres de cancérologie pédiatrique (2 coups de cœurs régionaux ont été élus), la grande finale a eu lieu à Paris en juin 2008 devant un jury d'expert, présidé par Alice Taglioni !

Ce recueil regroupe l'ensemble des poèmes réalisés par les élèves ! Merci à eux… et très bonne lecture !

Serge GRILHAULT des FONTAINES
Président de la **Fédération Enfants et Santé**

Remerciements

La **Fédération Enfants et Santé** souhaite remercier tous ceux qui ont apporté leur contribution à la réussite de cet événement et à la publication de ce recueil.

Nos remerciements vont …

…Aux équipes des centres de cancérologie pédiatrique qui ont organisé les finales régionales

Région Alsace
Hôpital du Hasenrain – Mulhouse
Dr BENOIT, Chef de service,
Dr Raphaële CAMPAGNI, en charge des enfants soignés pour leucémies ou cancers en liaison avec le centre d'oncologie pédiatrique du Professeur Patrick LUTZ Hôpital de Hautepierre à Strasbourg

Région Franche Comté
Hôpital Saint Jacques – Besançon
Le jury régional présidé par Jacques MOULIN, écrivain
Service du Dr Emmanuel PLOUVIER

Région Ile de France
Institut Gustave Roussy – VILLEJUIF
Service du Dr Olivier Hartmann
Kristina CHATELET, enseignante

Région Provence Alpes Côtes d'Azur
Hôpital de la Timone – Marseille
Docteur Jean Claude GENTET
Service d'Oncologie Pédiatrique
Professeur Jean Louis Bernard

…Aux jurés qui ont acceptés bénévolement de faire parti du jury pour la Finale Nationale

Alice Taglioni - Présidente
Et :
- Mohammed Assaoui – journaliste du Figaro
- Marie Bernard – Rédactrice en chef de Pédagogies Magazine
- Christine Géricot, Professeur d'Arts Plastiques à l'Institut Gustave Roussy
- Véronique Pittolo, écrivain
- Antoine Desruet, élève de CE1 à l'Ecole Beausoleil – Combs-la-Ville

…Aux partenaires officiels :
Pomme de pain
Cars Suzanne
Art Nature et Harmonie
Spinmaster
HSBC
Nos remerciements également à la SNCF à Natixis pour leur écoute et leur aide.

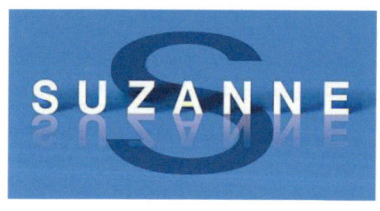

…À notre photographe bénévole Julien de Fontenay – Photographe de presse indépendant

Mais également,
- À tous les membres d'Enfants et Santé qui ont contribué à la réussite de cet événement,
- À toutes les professeurs des écoles qui ont participé : Christine Chorvat, Marie-Françoise Felice, Christine Kritter, Claudette Meffre, Nicole Noiret, Noëlle Weber
- À toute l'équipe des Ecrans de Paris et du Cinéma l'Escurial,
- À toute l'équipe de Books on Demand, et notamment Friederike Kuenzel, Britta Heer, Noémie Derhan et Sonia El Ouardi
- À Mofid Medjedoub, pour son soutien
- À Marie-Laure Laville et Aelya Noiret, Agence Wellcom

École de Beausoleil

Classe de Nicole Noiret
Combs-la-Ville 77380

Le sourire

Le sourire sert à être courageux
Et à montrer qu'on est heureux.
Le sourire te donne de la force et de l'envie,
Tu pourras oublier tes bosses de la vie.

Pour combattre la maladie,
Il faut être hardi.
On va sourire,
Pour le plaisir.

Avec ton entourage qui te soutient,
Qui fait envisager des lendemains,
Avec les médecins qui t'empêchent de trop souffrir,
Et qui t'aident à te guérir.

Pour être courageux
Et être heureux,
Il faut sourire,
Pour le plaisir.

Et résister
Avec fermeté,
Pour survivre
Sans oublier la joie de vivre.

Oriane et Camille

Le sourire de vivre

Il faut avoir le courage.
Pas la rage.

Il faut être souriant.
Et content.

Il faut avoir la volonté.
Et la gaîté.

Il faut être vaillant.
Et prendre ses médicaments.

Il faut avoir la joie de vivre.
Pour survivre.

Il faut être toujours énergique.
Car la vie est magique.

Il faut savoir surmonter la souffrance.
Pour trouver la délivrance.

Il faut avoir le sourire de vivre,
Car le plus important
C'est d'être souriant !

Delphine et Laurine

Les jours de douleurs

Lundi : J'ai eu un accident dans le taxi ;

Mardi : Je suis à l'hôpital dans un lit ;

Mercredi : J'ai appris que j'avais la leucémie ;

Jeudi : Jules est venu pendant que j'étais dans mon lit ;

Vendredi : On m'a dit que j'avais toute mon énergie ;

Samedi : Le médecin m'a souri parce que j'étais presque guérie ;

Dimanche : Ma famille et moi, nous sommes partis en vacances !

Et Lundi : Je vais vers mes amis et leur souris !

Dani, Erika, Maximilien

Quand j'étais petit

Quand j'étais petit
J'ai eu une maladie
Qui s'appelait la leucémie,
Et je me suis battu
Ne sachant pas
Quelle en serait l'issue.

Quand j'étais petit
Je me suis dit
Que grâce à mes amis
J'aurais peut être réussi
À me débarrasser de cette maladie.

Quand j'étais petit
J'ai toujours pensé dans mon lit,
Que je vaincrai cette maladie
Car j'aimais trop la vie.

Quand j'étais petit
Ma famille m'a dit
Que j'étais guéri
Et je leur ai souri.

Boris, Cloé, Hélène

Le combat

*Malade à l'hôpital,
Malade au fond de toi.
Mais tu gardes le sourire !*

Le courage ça s'apprend,
Pour y arriver, ensemble,
Force et courage mèneront le combat !

*Malade à l'hôpital,
Malade au fond de toi.
Mais tu gardes le sourire !*

La vie est un éternel combat contre la maladie
Nous à tes côtés,
Malgré la souffrance, nous gagnerons ce combat !

*Malade à l'hôpital,
Malade au fond de toi.
Mais tu gardes le sourire !*

Gianni et Jérémy

Le courage

Coup de cœur du jury régional

Janvier, la neige tombe, le docteur te dit que tu as une maladie très grave.

Février, la neige fond et l'herbe pousse, tu dois rentrer à l'hôpital.

Mars, le beau temps arrive, tu dois commencer les opérations.

Avril, les fleurs éclosent, tu ne te sens pas bien, le docteur dit que ta maladie s'aggrave.

Mai, les animaux se réveillent, c'est le jour de ton anniversaire, tu as peur qu'on t'ait oubliée.

Juin, l'été arrive, c'est bientôt les vacances vais-je partir avec ma famille ?

Juillet, tu vas guérir et ta maladie va de mieux en mieux, tu es en rémission.

Le Sourire revient à toi !!

William et Léa.

GUÉRISON

Toutes ces bonnes nouvelles que tu entends tous les jours,
Augmente ta bravoure.
   Il faut sourire !

Tu es courageuse
Et heureuse !
   Il faut sourire !

Pour toi l'hôpital
C'est le mal.
   Il faut sourire !

Ne perds la foi, qui est en toi
Aie confiance en toi.
   Il faut sourire !

Le malheur, c'est la douleur
Qui est en ton cœur.
   Il faut sourire !

Ne t'inquiète pas Aurélie, tu es bientôt guérie
Car tu es pleine d'énergie !
   Alors souris !

Arthur, Robin, Thomas

Un jour de bonheur

Il faut du courage et de la volonté pour guérir
Il faut du plaisir pour sourire.
Mais faut-il vraiment de l'énergie?
Mais oui, il faut de l'espoir et de l'énergie !

La volonté fait le plaisir, le plaisir fait le sourire,
Le sourire est égal au bonheur.
Malgré ton malheur nous t'aidons du fond du cœur !
Prends tes médicaments !

Il faut de la joie et de l'espoir pour s'amuser.
Et résister pour gagner.
Combattre, combattre et toujours combattre !
Il ne faut pas perdre, il faut gagner !

Mais pourquoi perdre, pourquoi?
Tu vas gagner c'est sûr!
Alors ne perds pas confiance!
Nous sommes là pour t'encourager !

Le médecin dit que tu es guérie, et tu fais un grand sourire,
Ta famille vient te voir et tu es heureuse !
Tes amis viennent te voir et tu es joyeuse !
Alors tu souris !

Alexandra, Ninon

Les petits courageux

Tu as une maladie
Et nous on t'écrit.

Tu es à l'hôpital
Pendant que nous jouons aux timbales !

Tu prends tes médicaments
Pendant que nous faisons cours d'Allemand.

Tu sais que tu pourras y arriver
On fera tout pour t'aider !

Tu nous fais un sourire
Pendant qu'on est en train de lire !

Tu fais ta prise de sang
Pendant qu'on te donne des encouragements.

Un sourire ça ne coûte rien
Et pourtant ça fait du bien !

Tu iras au bout de ta victoire
Pendant que nous irons au dortoir.

Parfois un sourire peut être méchant
Mais souvent, un sourire fait plaisir
Car il annonce le rire.

Les petits courageux
Ne sont pas des peureux …

Océane, Alexia et Florian

Mon petit doigt m'a dit que tu allais guérir…

*Prix national littéraire et
Coup de cœur du jury régional*

Il faut que tu sois décidée,
À avoir joie et gaîté.
Combattre pour anéantir cette maladie,
Et pouvoir en finir avec énergie.

Ta place n'est guère ici,
Elle est auprès de tes amis
Mais ne t'en fais pas,
Tu t'en sortiras.

Ne pense pas à la mort,
Mets la plutôt dehors.
Jette-la sur le palier,
Et claque lui la porte au nez.

Pense plutôt à guérir,
Mais surtout dans le rire.
Sois très courageuse,
Et pense à être heureuse.

Mon petit doigt ne m'avait pas menti,
Te voilà devant moi,
Et tu souris !

Coraline, Maxime et Yohan

Merci à tous les élèves de la classe de Nicole Noiret – Ecole Beausoleil :

Dani	AFONSO
Orianne	AITYATA
William	BOYER
Boris	CHAFAR
Léa	CHOQUET
Thomas	GAILLARD
Maximilien	GOMA
Laurine	GOUGET
Erika	GOUGET
Hélène	HEBDING
Maxime	HENRICH
Coraline	INACIO
Alexandra	LALANNE
Jérémy	LAMBERT
Florian	LAMEILLE
Brice	MBIELEU TAFFOU
Camille	QUESSEVEUR
Robin	RASALINGHAM
Gianni	RICHEZ
Cloé	RIGAIL
Ninon	SAULNIER
Delphine	SAVARO
Alexia	SERENUS
Océane	SOUBIS
Arthur	TOCQUEVILLE
Yohan	ZEHAF

Ecole d' Eschentzwiller

Classe de Christine Kritter
Eschtenzwiller 68440

Le soleil

Coup de cœur du jury régional

Suppose que le soleil
Vienne et apporte
Le bonheur sur Terre
Et je te demande
De l'emmener partout avec toi.

Suppose que le jaune
Soit le bonheur
Et que le bleu
Soit le sourire
Et que je te demande
De les mélanger
Pour faire la paix
Dans le monde entier.

Raphaël et Clément

Fatras

Quand la vie est un soleil
Chaque jour est un rayon
Quand la vie est un livre
Chaque jour est une page
Quand la vie est un sapin
Chaque jour est une branche
Quand la vie est une branche
Chaque jour est une épine
Quand la vie est un sourire
Chaque jour est un enfant heureux !

Bastien

Rêve

Imagine
Que les montagnes
Soient si grandes
Et que je te demande
De les escalader
Sans corde ni échelle
Seulement avec ta force.

Imagine
Que les sourires
Soient si grands
Et que je te demande
De sourire encore
Pour que tout le monde soit heureux.

Alexandre et Thomas

Mes sourires

Dans une petite boîte
J'ai des sourires
Un sourire moite
Quand je n'ai pas envie de rire.

J'en ai aussi un énorme
Pour quand on rigole
Puis il y a celui d'homme
Quand je vais à l'école.

Mon petit
Je le garde quand maman me dispute
Parce que, quand elle s'énerve
On dirait qu'elle va faire de la lutte.

Margot

Espoir

Je te souris
Non pas parce que tu m'amuses.

Je te souris
Dans tes yeux noirs
Au fond de toi, au plus profond du désespoir.

Je te souris
Pour que toi aussi tu puisses rire
Et courir dans les couloirs.

Je te souris
Pour que toi aussi dans ton cœur
Tu aies une touche de joie
Surtout, ne perds pas espoir !

Julie

J'ai crié « sourire »

J'ai crié : sourire
Et les enfants du monde se sont tournés
Et ils m'ont regardé.

J'ai crié : sourire
Et ils se sont mis à rire
Et moi à écrire.

J'ai crié : sourire
Ils se sont mis à danser
Et moi à chanter.

J'ai crié : sourire
Tout le monde a souri
Et je suis parti.

Robin

Suppose que…

Suppose
Que le bonheur te fasse sourire.

Suppose
Que le sourire te fasse rire.

Suppose
Que l'amitié te fasse chanter
Et que je te demande de te faire plaisir.

Imagine
Que les rêves te fassent sourire.

Imagine
Que le sourire t'apporte la joie.

Imagine
Que l'amitié te fasse voler
Et que je te demande de rire.

Nathan

Bazar gai

Quand la vie est heureuse
Chaque jour est un sourire
Quand la vie est amoureuse
Chaque jour chante
Quand la vie n'est pas triste
Chaque jour est plein de soleil
Et, quand tout le monde est content
Moi aussi, je suis content.

Axel

C'est…

Le sourire, c'est rigoler
Le sourire, c'est mieux quand on l'a
Le sourire, c'est la joie
Le sourire, c'est quand on est heureux
Le sourire, c'est éclatant
Le sourire, c'est la vie
Le sourire éclate de rire
Le sourire rendra des milliers de gens heureux
Un jour, peut-être, toute la planète sourira
Qui sait ?

Benjamin

Rigolade

Si tous les hommes n'étaient qu'un seul homme
Quel grand homme cela ferait !

Si toutes les blagues n'étaient qu'une seule blague
Quelle grande blague cela ferait !

Si tous les sourires n'étaient qu'un seul sourire
Quel grand sourire cela ferait !

Et si ce grand homme racontait la grande blague
Et que tous les sourires apparaissaient sur le visage des enfants
Quelle grande rigolade cela ferait !!!

Pierre

J'voudrais

J'voudrais bien un sourire
Pour mourir de rire
J'en aurais des beaux, des grands, des brillants
Et aussi des éclatants
Pour changer de temps en temps.

J'voudrais bien du bonheur
Pour ne pas avoir peur
Surtout les jours d'horreur
C'est ça le bonheur !

Et j'voudrais bien un arc-en-ciel
Pour découvrir toutes les couleurs du ciel.

Marie et Amandine

Imagine

Imagine
Que nous nous envolions
Jusqu'au palais des cieux
Et que je te demande
De cueillir un nuage de soleil
Et de le laisser s'envoler
Avec ses frères
En route vers la liberté.

Imagine
Que je t'emmène
Jusqu'au fond des abysses
Et que je te demande
De me ramener
Une perle d'eau
Pour la donner
À la reine des Eaux.

Imagine
Que je t'emmène
Dans la forêt et que je te demande
De lui rendre son éclat
D'autrefois
Et d'y mettre des animaux.

Sylvain

Il était une fois...

Il était une fois un sourire
Qui ne faisait que de rire
Quand quelqu'un pleurait
Dès qu'il passait
Il répandait la gaieté
Un jour, tu verras
Il passera chez toi

Voilà pourquoi
Tu guériras
Et tu pourras rentrer chez toi.

Jérôme

Si tous les sourires…

Si tous les sourires étaient un seul sourire
Quel grand sourire cela ferait !
Si tous les rires étaient un seul rire
Quel grand rire cela ferait !
Si toutes les joies étaient une seule joie
Quelle grande joie cela ferait !
Et si on mélangeait tout ça
Quel bonheur ça ferait !

Quentin

Sourire

Sourire gentil
Sourire que j'aime
Sourire qui redonne la vie
Sourire qui donne l'envie de jouer
Sourire amusant
Sourire avec de belles dents
Sourire qui fait rire
Tu devrais souvent sourire
Car sourire redonne vie.

Hugo

La colombe

Quand le sourire envahit ton visage
Tu deviens joyeux comme la colombe.
Quand la colombe de la paix passe par la rose fanée
Celle-ci se met à rire et à s'ouvrir.
Reste joyeux dans ton cœur et tu seras heureux.
Quand la colombe restera dans ton cœur
Le bonheur y restera aussi.

Thomas

J'ai crié « sourire »

J'ai crié : sourire
Tout le monde a ri.
J'ai crié : sourire
Et des papillons
M'ont dit de rire.
J'ai crié : sourire
Et les étoiles
Ont commencé à rire.
J'ai crié : sourire
Veux-tu me donner
Un beau sourire,
Oui !

Louna

La liberté

Imagine
Que la nature soit pleine
De vie et de paix
Où règne le bonheur
Et que je te demande la liberté.

Imagine
Une feuille blanche
Devant toi
Et que te demande de la colorier
Pour qu'elle soit pleine de joie.

Imagine
Un rire joyeux
Qui devant toi te redonne le sourire
Et que je te demande
De le remercier.

Imagine
Dans la nuit étoilée
La lune et le soleil s'embrasser
Et que je te demande de les féliciter.

Clara et Laura

Le bonheur

Coup de cœur du jury régional

J' voudrais bien être le sourire
J'dirais des mots pour guérir
Pour redonner le rire
Aux gens qui sont malheureux.

J'voudrais bien grandir
Dans la joie et la paix
Pour faire sourire
Tout le monde.

J'voudrais bien être un cœur
J'redonnerais le bonheur
J'aurais dans les yeux
Toutes les étoiles du ciel bleu.

Marion

J'voudrais

J'voudrais bien être le bonheur
J'rendrais tout l' monde heureux
Et j'mettrais la paix dans tous nos cœurs
Tout l'monde serait joyeux.
J'voudrais bien être un rêve
J'n'aurais pas de mains
J'ressemblerais à quelqu'un d'inhumain
Mais il serait très bien.

J'voudrais bien être le sourire
Avec plein de myrrhe
Dans un ciel étoilé
J'serais un nouveau-né.

Evan

Des sourires

Sourire
Sourire joyeux
Sourire heureux
Sourire qui allume la flamme du bonheur
Sourire qui rafraîchit les cœurs
Sourire gai
Sourire pour nous faire rire
Souris
Tu verras comme c'est bien !

Timothé

Un sourire brillant

Imagine
Que je te fasse un sourire
Brillant comme un saphir
Et que je te demande
De me le refaire
Encore plus brillant
Rien que pour moi.

Imagine
Que je sois heureux
Comme un arc-en-ciel
Et que je te demande
De suivre mon exemple.

Julien

Sourire d'or

Prix spécial, décerné par le Président d'Enfants et Santé

Fais-nous un sourire
Un sourire d'or, bleu et rouge
Fais-en un bouquet.
Fais-nous un sourire encore plus grand
Mais cette fois un rose, un vert et orange.
Et fais-en un plus grand bouquet
Fais plusieurs sourires et tu seras heureux.

Jean

Merci à tous les élèves de la classe de Christine Kritter –
Ecole d'Eschentzwiller

Raphaël	CHASSARA
Clara	FIGIUZZI
Marion	GIANNELLI
Laura	JELSCH
Thomas	HEMMERLIN
Timothé	KAYRAN
Evan	ROLLAND
Louna	SCHREMBACHER
Jean	SCHWARZENTRUBER
Clément	WALTER
Nathan	ZINDY
Axel	ZINGLE
Bastien	SCHMITT
Alexandre	MARTIN
Thomas	HEYER
Margot	ROTA GRAZIOSI
Julie	SPERISSEN
Robin	VUANO
Benjamin	HERBIN
Pierre	RUCKEBUSCH
Marie	PASCOLO
Amandine	RAUB
Sylvain	FISCHER
Jérôme	SIMONET
Quentin	SELLES
Hugo	BUCHY
Julien	ROMON

École Jules Ferry

Classe de Noëlle Weber
Vaison-la-Romaine 84110

Le sourire

Coup de cœur du jury régional

J'ai le sourire quand je vois
Tes yeux qui brillent
J'ai le sourire quand je vois
Ta voix belle et douce.

J'ai le sourire quand je t'écoute
Parler doucement
J'ai le sourire quand j'entends
Ton cœur battre.

J'ai le sourire quand je te vois
Sourire à la vie
J'ai le sourire quand je te donne
Mon cœur plein d'amour.

J'ai le sourire quand je t'offre
Mon amitié sincère
J'ai le sourire, quand je te vois
Te battre et guérir.

J'ai le sourire quand je sens
Ton odeur de rose
J'ai le sourire quand je sens
La chaleur de ta tendresse.

Leila, Madison

Sourire

*Prix national ex aequo d'interprétation et
Coup de cœur du jury régional*

Qu'il est bon de te voir sourire
M'apporte confiance et plaisir
Qu'il est bon de te voir sourire
Il illumine ton regard de pleins de désirs.

Qu'il est bon de sourire
Il amène de la joie et de l'espérance
Qu'il est bon de sourire
Il adoucit toutes les souffrances.

Qu'il est beau de sourire
Alors sourions à la vie
Apportons du bonheur
À ceux qui croient l'avoir perdu.

Odelin

Le sourire

Le sourire c'est un mouvement de bouche
C'est un signe qui touche
Le sourire vient des êtres sages,
Il illumine les visages.
Le sourire ne fait pas de bruit,
C'est un geste gratuit
Qui se remarque et fait du bien à autrui
Le sourire est plaisant,
Mais malheureusement souvent absent.
Le sourire ne se vend pas,
Mais se donne à chaque pas.

Noémie

Sourire partagé

Mon sourire te redonnera la force.
Il transformera le tien en espérance et en joie.

Quand tu souris, maman
Tu illumines nos yeux
Tu apportes la chaleur à notre cœur
Tu adoucis toutes nos souffrances.

Quand tu souris, Pauline
Tu me rends heureuse
Tu me fais rire
Tu m'offres la douceur de ton cœur

Quand tu souris, Laura
Tu m'apportes de la joie
Tu me remplis de ta chaleur
Tu as les yeux qui brillent de bonheur

Laura, Pauline

Le sourire

Ouvrez votre cœur et le sourire apparaîtra
Offrez votre sourire à une personne
Qui n'en a pas,
C'est le signe de l'amitié.
Le sourire ne s'achète pas, il se donne,
Il n'a pas de valeur,
Il n'a que celle qu'on lui donne.
Si vous rencontrez quelqu'un
Qui ne sait pas sourire,
Donnez lui le vôtre.
Sourire seulement des lèvres
Cela n'est pas suffisant,
Il faut aussi sourire du cœur et des yeux.
Le sourire est la clef qui
Ouvre bien des cœurs
Et fait disparaître tous les pleurs.

Mathias, Olivier

Sourire

Sourire, souvenir, plaisir

Ouvre ton cœur au plaisir

Utilise ton sourire pour guérir

Ris à la vie, oublie tes souffrances

Illumine tes journées avec les souvenirs

Ris, vis,

En escaladant les collines du sourire.

Camille, Anissa

Sourire

Sourire à ceux qui n'ont pas le sourire

Ouvrir notre cœur à ceux qui l'ont fermé

Un sourire est un beau signe d'amitié

Riche en émotion

Il enrichit les douleurs

Rire à quelqu'un qui ne sourit jamais

Et quand tu souris tu offres le bonheur.

Linda, Anais

Rencontre des sourires

Petit enfant tu as besoin
Du sourire de ta maman
Au dessus de ton berceau
Tu attends la douceur de son sourire.

Petite fille tu recherches
Le sourire de tes copines
Mais tu ne penses pas encore
À l'offrir à ceux qui ne sourient plus

Adolescente tu souris
À ton premier amour
Son sourire te remplis
De bonheur pour toujours

Puis c'est l'âge adulte
Et là le sourire devient un culte
Le sourire adoucit toutes les souffrances

Souris, sourions, souriez
Le bonheur est présent
À tout instant
Souris, sourions, souriez.

Clarisse, Roseanne, Marylou

Sourire

Souviens-toi de ton bonheur

Ouvre ton cœur à la vie

Utilise ta force pour retrouver ta fraîcheur

Rire ensemble c'est un peu ta guérison

Imagine ton retour avec les fractions

Regarde la vie d'une autre façon

Ecoute ton cœur et souris à la vie.

Rémy, Louis

Un sourire

Sourire à la vie c'est être heureux

Ouvrir son cœur c'est être joyeux.

Un sourire, et tous les malheurs s'effacent.

Renouvelle ton sourire jour après jour

Recycle le pour l'offrir aux autres

Et tu verras la vie sera plus gaie.

Imagine le sourire autour de toi.

Carla, Mauranne

Un sourire

Un sourire ne se donne pas
Mais si tu ne l'as pas
Quelqu'un te l'offrira un jour
Car on le lui a transmis.
Le sourire éclaire la vie
Résoud de nombreux mystères
Si quelqu'un te le donne
Tu seras le plus heureux du monde
Tu découvriras la vie.
Tu penseras à jamais à lui.
Le sourire change tout et aide beaucoup.
Sans sourire notre vie serait bien triste.

Nils

Le sourire

Le Sourire rien de tel pour ne pas souffrir.

Donnons notre sourire à ceux qui en ont besoin

Ouvrons notre cœur à ceux qui pleurent,

Si le sourire rendait heureux

Si un simple sourire soulageait les souffrances

Alors le monde serait merveilleux.

Loubna, Emilie, Audrey

Ton sourire

Ton sourire est là pour moi
Il fait chavirer mon cœur
À chaque fois que je le perçois
Il me remplit de bonheur

Le seul moyen pour me réconforter
C'est de t'offrir mon sourire
Et d'accepter le tien
Partageons le, offrons le à ceux
Qui l'ont perdu à jamais

Le seul moyen pour te réconforter
C'est de t'offrir mon sourire
Prends le, il t'apportera le plaisir
Le bonheur, l'espérance, la joie.

Clarisse

Sourire

Sans sourire rien ne serait gai

Ou plutôt on serait déprimé

Unique est le sourire

Riche et rempli d'émotion

Indispensable à chacun

Recycle la joie et le bonheur

Enrichit les sentiments et guérit les Blessures

Florian

Un sourire

Il ne faut qu'un sourire
Pour se faire aimer
Pour un bonbon,
Sourire d'enfant, adressé aux parents
Pour un rendez vous galant
Sourire d'amant à sa bien aimée
Visage commun ou étranger
Le sourie illumine votre vie
Et nous rend gai

Il ne faut qu'un sourire
Pour se faire aimer
Mais la vie nous aide
Le cœur n'est pas sans feu
Il ne faut pas avoir peur
Pour vous aider, je vous offre mon sourire.

Clotilde

Merci à tous les élèves de la classe de Noëlle Weber – Ecole Jules Ferry :

Linda   AKNOUCH
Louis   AREND
Pauline   BIDEGARAY
Rémi   BONANNO
Emilie   BRUFAU
Maurane   BRUGIERE
Olivier   CHRISTIANSEN
Camille   COTTON
Laura   DEBARD
Carla   GAFFORINI
Roseanne   GUTH
Anissa   JAOUJI
Noémie   JOLY
Florian   JUSTES
Clarisse   KAUFMANN
Madison   LE MASSON
Audrey   LEROY
Anaïs   LIOTARD
Marylou   MAIGNAN
Odelin   MANCEL
Leïla   MEFFRE
Clotilde   RENET
Nils   RUDENT
Loubna   SAMRI
Mathias   UGHETTO

École Emile Zola

Classe de Claudette Meffre
Vaison-la-Romaine 84110

Pichounets, regardez (ou écoutez)
Ces poèmes écrits pour vous
Sans vous connaître
Un élan de solidarité
Que nous voulons avec vous
Partager

Cassandre

Quoi de plus merveilleux
Qu'un sourire d'enfant
Qui a le pouvoir fabuleux
De suspendre le temps

Tant d'espérance
Tant de courage
Pour cette enfance
Meurtrie dès son plus jeune âge

Tous ensemble nous vaincrons
Ce mal injuste nous le combattrons
Sans merci, pour qu'enfin
Refleurissent au printemps prochain
Des bouquets de sourires enfantins.

Amélie

Le printemps est arrivé, saison où les enfants sortent jouer pour essayer de le trouver...
C'est tellement agréable de l'écouter chanter son couplet toute la journée.
Cet oiseau est le plus beau...
Son chant nous berce jusqu'à lui...
Perché en haut d'un cerisier, il répand la gaieté dans toutes nos contrées.
L'oiseau bleu du bonheur chante pour faire sourire le monde entier.

Léana

Souriez, chantez
Oh ! Mes amis
Une fois par jour
Riez les enfants,
Ici, c'est passager,
Rien ne vaut
Enfin l'amitié

Eliott

Sentez ce parfum d'
Orangers cultivés par
Un jardinier amoureux
Rien ne l'arrête
Ici et là
Rien sauf peut être l'
Éclosion d'un sourire.

Eliott

Comme un oiseau blessé
Blotti dans son nid
Enfant tu restes dans ton lit
Mais demain viendra la liberté
Pour toi, de t'évader
Et de te retrouver la gaîté
L'enthousiasme, la légèreté
Tu dois espérer
Ton âge permet
La vie devant toi
Les épreuves passées
Plus fort tu grandiras.

Lucille

On préfère un sourire aimé
Plutôt qu'un visage crispé
Le sourire malin
Plaît plus ou moins
Le sourire désarme
Quand il est plein de charme
Il faut le donner
Au quotidien sans hésiter

Ulysse

Sourire mot magique
Qui illumine le visage
De celui qui le donne
Et rend heureux
Celui qui le reçoit.

Première expression du bébé
Devant un visage aimé
Porteur de l'amitié
Que l'on veut partager.

Rayon de soleil
Qui met en joie dès le réveil
Il traduit toujours
Beaucoup d'amour.

Antoine

Amis soyez optimistes
La grande faucheuse
Attendra dans le pré
Les blés ne sont pas mûrs.
Par une matinée heureuse
Le soleil, par-dessus le mur
Brillera de tous ces éclats
Pour vous emmener sur la piste
De rencontres amoureuses.

Candice

Coup de cœur du jury régional

Sourire avec les yeux
Sourire avec le cœur
Donnez-le sans compter.
Le sourire est signe d'amitié,
Il ne coûte rien
Mais apporte beaucoup !

Maryam

Un sourire à donner
Aux enfants tristounets
Au milieu de l'été
Pour faire un bouquet
D'enfants émerveillés
Offrez un baiser
À ces enfants adorés.

Louis

Petite Bougie vacillante
Garde l'espoir et n'oublie pas
Comme une étoile filante
Dans la beauté du soir
Brillera un grand feu de joie
Dès que ton sourire éclatera.

Antoine

Coup de cœur du jury régional

À quoi sert le sourire ?
À rendre joli
Oui, mais à quoi sert le sert-il ?
À montrer sa joie !
J'ai compris mais encore, il sert à quoi ?
À donner du bonheur
D'accord, mais à qui ?
À toi, à lui, à elle,
En fait à tous ceux qui le veulent.

Carla

Merci à tous les élèves de la classe de Mme Meffre – Ecole Emile Zola :

Inass	AMARA
Maryam	AMEKRAN
Aurélien	BARNAUD
Carla	BARRE
Ulysse	BLANC
Candice	BOITARD
Léana	CHAIZE
Sami	EL FAHASSI
Mohssine	EL HASNI
Yannis	EN NHILIS
Mélanie	GRAVELLE
Oktay	GUZEL
Amélie	HERMAN
Marie	ISSANJOU
Louis	LONCHAMPS
Emmanuelle	LUANCO
Mathilde	MARCHAND
Antoine	MEFFRE-SOL
Léo	PETIT
Cassandre	PLANTIER
Lucile	PONZO
Maxime	ROUX
Eliott	SCHNEIDER
Alexis	VELLA

École Saint-Joseph

Classes de Christine Chorvat et de Marie-Françoise Félice

Besançon 25 000

Juste un peu d'espoir

La vie est devenu un fleuve sensible,
Le cancer efface ton visage ensoleillé,
Ton sourire devient une expression pénible,
Ton espoir, chaque jour, est empoisonné, brisé.

Les cellules infectées sont désolées,
Elles te rongent mais sont abîmées,
La maladie gagne et se propage,
Pour cela il n'y a pas d'âge.

Mais pour t'aider à lutter, heureusement,
Il y a la chimiothérapie et les médicaments,
Ils sont là pour te faire gagner le combat,
Les médecins, par leur sourire, s'engagent avec toi.

Alors, ne perdons pas espoir,
Unissons-nous comme les cinq doigts de la main,
Pour combattre toujours plus haut, toujours plus loin,
Animés par un brin d'espoir.

Parfois, tu es comme un bateau ivre,
Les éléments se déchaînent autour de toi,
Il te faut tenir fort la barre pour survivre,
Mais l'envie fait de toi un grand roi.

Alors, aujourd'hui, nous pouvons te faire voir,
Que le sourire, c'est l'espoir,
De quelqu'un qui t'admire,
Et qui a fort envie de te voir guérir

Léa

Maman m'a dit...

Maman m'a dit que tu n'allais pas bien
Maman m'a dit de t'écrire de mes propres mains
Maman m'a dit que tu étais à l'hôpital
Maman m'a dit physiquement, tu n'avais pas mal
Maman m'a dit que tu pleures souvent
Maman m'a dit « surtout quand il n'y a pas ses parents »
Maman m'a dit qu tu guériras bien vite

Alors depuis ce jour je souris
À chaque fois qu'on sauve une vie
Je suis emporté dans un tourbillon de bonheur
Quand je sais que tu es soigné à toute heure
À quand je sais que le faucon de la mort
Est transpercé par la flèche de l'amour
Je me dis qu'un jour
Je jouerai avec toi dans la cour

Aymeric

Je te dis

Je te dis combats
Et déjà tu penses hôpital
Je te dis bonheur
Et déjà tu penses aux docteurs
Je te dis content
Et déjà tu penses médicaments

Je te dis amie
Et déjà tu penses à l'amitié
Je te dis humour
Et déjà tu penses à l'amour
Je te dis sourire
Et déjà tu penses guérir

Philippe

Qui sont ces malades
Dans ce vaste hôpital

Que sont leurs journées
Sans jeu et sans récré ?

Je voudrais t'entraîner avec moi
Et pour toi, dessiner un monde :
      de Paix,
      de joie,
      et de sourire,
      dans un éclat de rire.

Charles

Le sourire

Un boulanger m'a dit :
« moi, je pétris la maladie »

Un fermier m'a dit :
« moi, je cultive le sourire »

Un maçon m'a dit :
« moi, je cimente la maladie »

Un boucher m'a dit :
« le sourire, c'est sur la bouche des enfants »

Un poissonnier m'a dit :
« moi, je noie la maladie »

Un couturier m'a dit :
« moi, je tisse avec la maladie »

Un menuisier m'a dit :
« moi, je cloue la maladie »

Edouard

Maladie, Sourire

Maladie, envole-toi tel un oiseau migateur
Qui s'en va vers les pays chauds

Maladie, éloigne toi de l'apprenti voyageur
Qui veut quitter les hôpitaux

Maladie, détourne-toi de l'enfant rempli de peur
Qui espère en un monde plus beau

Sourire, viens te placer sur les lèvres toutes desséchées
De l'enfant qui a soif de vie

Sourire, vient illuminer le visage décomposé
De celui qui sombre dans l'ennui

Sourire, viens redonner grand espoir au cœur fatigué
Du monde en manque d'énergie

Elise

Bonjour ami,

Bonjour ami !

Comme tous les matins
Je pars avec entrain
Vers mon école j'adore !
Et je pense à toi.
Je te vois là-bas
Dans ton hôpital
Tu t'accroches pour guérir
Et mon seul désir
Est de te voir en forme
Pour que nos yeux se croisent

Bonjour ami !

Comme tous les matins
Je rêve pour demain,
Que douleur et tristesse
Se changent avec finesse
En joie et paix
Pour ne plus nous oublier

Charles

Un enfant m'a dit

Un enfant m'a dit :
   - « regarde ce beau jour de pluie »

Un enfant m'a chuchoté :
   - « souris, voici l'espoir de vie »

Un copain m'a dit :
   - « c'est génial quand on sourit »

Un enfant me dit :
   - « j'ai une grave maladie »

Moi je lui dis :
« Souris, tu seras bientôt guéri »

Quentin

Sourire

Un sourire gai

Un sourire fatigué

Un sourire joyeux

Un sourire peureux

Un sourire rigoureux

Un sourire amusant

Un sourire déplaisant

Un sourire apaisant

Un sourire souffrant

Un sourire masqué

Un sourire gagné

Hariash

Poésie pour les enfants malades

Quand je m'éveille le matin,
Je voudrais venir vers toi
Pour te donner un moment de joie

Quand tu souffres, dans tes mains
Je voudrais te dessiner un monde
Pour guérir tes douleurs et tes peurs

Alors je t'envoie ma joie et mon amitié
Pour que plus jamais
Tu sois seul et je sois seul

Flora

Le sourire et l'enfant

*Prix national littéraire et d'interprétation et
Coup de cœur du jury régional*

La chambre est calme et l'enfant dort dans son lit
Un écrin de blancheur le protège, il oublie
La douleur est l'ombre qui plane sur sa vie

Les rêves l'emmènent à la mer où il nage
Il joue, plonge et rit comme un garçon de son âge
Mais le ciel s'assombrit, menaçant d'un orage !

La nausée maladive réveille l'enfant
Trop de peines, trop de maux et de médicaments
Il gémit, se souvient et appelle en pleurant !

Vite, à son chevet vole son ange gardien !
Et doucement elle prend sa tête et le maintient
Il sourit, rassuré, il n'a plus peur de rien !

Petit patient courageux, ne crains pas demain !
Bats toi fort encore, tu es sur le bon chemin !
Ta lutte et ton bel espoir ne seront pas vains !

Alice

Toi et moi

Il faut te remonter le moral
Toi qui es si mal à l'hôpital

Quand la bataille sera gagnée
Tu auras une grande liberté

Les médicaments
C'est ton traitement

Je serai contre la leucémie
Tant que tu ne seras pas guérie

Oublie ton cancer
Et viens prendre l'air

Viens on va s'amuser,
A jouer à chat perché

Tu seras en très bonne santé
Si tu es en sécurité

Tu vas oublier la maladie
Quand toi et moi nous aurons souri

Anais

Sourire

Toi qui es malade
Tes jours ne sont pas de la rigolade

Moi qui suis en bonne santé
Mes jours sont plus ensoleillés

Toi qui es à l'hôpital
Tu n'as pas le moral

Moi qui suis à l'école
Je suis agréable

Nous qui sommes ainsi réunis
Nous allons nous évader à Paris

Tu vas oublier ta maladie
Quand toi et moi nous aurons souri

Maud

C'est toujours une chance
Pour une maman de donner naissance
Mon Dieu, quelle récompense

Toute la famille est joyeuse
La maman est heureuse
Mon Dieu, c'est sérieux

Pas besoin de traitement
Ni de médicament
Mon Dieu, quel soulagement

Le voilà malade
On l'emmène à l'hôpital
Et ! la maladie est grave

L'enfant va souffrir
Mais il ne va pas mourir
Mon Dieu, tu vas le guérir

On lui donne de la sympathie
Le voilà qui sourit
Mon Dieu, merci !!!

Cyril

Quand je...

Quand j'apprends que le sourire dévisage le cancer,
Quand je sais que je t'aime comme la nature,

Quand j'apprends que tes amis sont les médicaments,
Quand je sais qu'ils sont alliés avec ton traitement,

Quand j'apprends qu'un nuage noir survole lentement,
Quand je sais que je pense à toi comme à ma maman

Quand j'apprends que t'es vraiment scotché à ton lit
Quand je sais qu'une seule pensée peut valoir ta vie

    Je prends un immense sourire pour toi,
      Enfant malade

Joseph

Poème

Un enfant m'a dit :
« la joie c'est la vie »

Cinq enfants m'ont dit :
« il faut s'aider pour la vie »

Sept enfants m'ont dit :
« la leucémie fait partie de la vie »

Huit enfants m'ont dit :
« j'aime le sourire de la vie »

Neuf enfants m'ont dit :
« le sourire c'est la vie »

Treize enfants m'ont dit :
« un jour nous serons guéris »

Quentin

Mon poème

Un enfant normal
Mais qui est malade
Un enfant comme nous
Qui a mal partout

Un de nos semblables
Que la maladie accable
Un enfant prisonnier
Qui n'a plus de santé

Un enfant courageux
Qui n'est pas joyeux
Mais moi,
Loris Colas

Je veux t'aider
À gagner
Cette grande bataille
Contre tout le mal

Que te fait la leucémie
Si tu veux guérir
Il faut sourire

Loris

*Prix national ex aequo d'interprétation et
Coup de coeur du jury régional*

Un sourire timide

Un sourire chimique

Un sourire fatigué

Un sourire forcé

Un sourire content

Un sourire bien portant

Un sourire heureux

Un sourire chanceux

Un sourire désireux

Un sourire qui dit

Je suis guéri

Miguel

Le sourire de l'espoir

Dieu, est-ce que tu veux vraiment
Que soient malades ces enfants

Le séjour à l'hôpital
N'est pas très amical

Prises de sang et médicaments
Ne peuvent vous rendre contents

J'aimerais vous rendre joyeux
Vous qui êtes si courageux

Les médecins et infirmiers
Assurent votre sécurité

L'amour de vos amies
Gomme votre grande maladie

Non aux cancers et leucémies
On a tous droit à la vie

Le beau poème d'amitié
Vous apporte de la gaîté

Camille

L'espoir

Aujourd'hui je viens te voir
Pour te donner de l'espoir

Même si tu n'es pas heureux
Demain tu iras bien mieux

Les piqûres c'est pas heureux
Mais le rire c'est contagieux

Pour toi qui as de la rage
Je t'envoie beaucoup de courage

L'amour c'est très chaleureux
Surtout si tu es malheureux

Ma poésie est un sourire
Qui pourra te faire guérir

Je t'envoie de tout mon cœur
De l'espoir pour être vainqueur

Eloise

Le sourire

Sourire !
Pour ne pas perdre plaisir !
Vous voulez guérir pour ne pas souffrir !

Aimer !
Pour ne plus jamais pleurer !
Vous voulez rentrer pour ne pas inquiéter !

Espérer !
Pour ne plus jamais perdre espoir !
Vous voulez aimer pour ne pas détester !

Amour !
Pour pouvoir dire bonjour !
Vous voulez sourire pour gommer la maladie !

Guérir !
Pour continuer à grandir !
Vous voulez être heureux : tombez amoureux !

Marc

Pour toi, enfant malade

Un copain m'a dit que tu as une leucémie
Un autre m'a dit que c'est une grave maladie
Un troisième m'a décrit le lieu où tu vis
Un quatrième m'a appris que là-bas, tu t'ennuies
Un cinquième m'a chuchoté que tu es soigné
Un sixième m'a soufflé que tu es fatigué

Je t'envoie ce poème
En espérant que tu l'aimes
Pour te remonter le moral
Là-bas, à l'hôpital
En espérant un sourire
Pour qu'après, tu puisses rire
Moi, je dis comme les médecins
Tu guériras demain

Augustin

Heureux !
Je veux que tu sois heureux
Avec tes parents, frères et sœurs

Libre !
Je veux que tu sois libre
Avec nous tu seras libre

Jouer !
Je veux que tu puisses jouer
Avec tes amis retrouvés

Guérir !
Je veux te faire guérir
Avec tous les médecins gentils

Joshué

Moi qui suis avec mes amis,
Toi qui subis la chimiothérapie.
Moi qui suis très souriant,
Toi qui dois prendre des médicaments.

Toi qui n'est pas très joyeux,
Moi qui peux encore voir de mes yeux.
Toi qui es souvent embêté
Moi qui ne suis pas hospitalisé

Moi qui vais à l'école,
Toi qui ne vois pas ton amie Carole.
Moi qui travaille tous les jours
Toi qui ne peux pas sortir même le jour.

Toi qui reste dans l'hôpital
Moi qui fais le carnaval avec Chantal
Toi qui, depuis un jour, souris,
Moi qui dis : « j'espère que tu es guéri ! »

Jarod

Ce qui nous fait tous sourire

Ce qui me fait sourire,
Après un bel effort à l'école ou en sport
C'est un bon résultat.

Ce qui te fait sourire,
Après l'examen du médecin
C'est de lire dans ses yeux qu'il voit que tu vas mieux

Ce qui nous fait sourire,
Quand on est entre amis
C'est qu'on se sent très bien

Ce qui vous fait sourire,
C'est la visite d'un parent
Attendu depuis longtemps

Ce qui nous fait tous sourire,
C'est partager, jouer, se rencontrer et s'amuser
Alors au fond du cœur, au fond des lèvres et dans nos yeux
C'est la vie qui pétille

Joseph

Le sourire d'un enfant malade

Coup de cœur du jury régional

Souris-moi, enfant malade
Tu vas bientôt voir le jour
Sous le soleil, tu joueras
Tes camarades seront là.

Souris-nous, enfant malade
Toi qui suis ta chimiothérapie
Seul dans ton lit d'hôpital
Tu te parles

Souris-leur, enfant malade
Le sourire repeint ton corps endormi
Toi qui ne vois que la nuit
Demain tu seras guéri

Alexandre

Sourire, c'est la vie

Maman m'a dit
      Que tu avais une maladie

Papa m'a dit
      Que tu souris quand tu vois tes amis

Papy m'a dit
      Que tu passais des examens

Mamy m'a dit
      Que tu irais mieux demain

Je t'écris ce sourire
      En pensant à ton avenir

Le sourire gommera ta maladie
      Et tu seras plein de vie

Xavier

C'est la vie…

        C'est un signe de tendresse,
Consolant la faiblesse.
        C'est un signe de combat,
Pour subsister à cette maladie-là.
        C'est un signe de sympathie,
Pour survivre à la leucémie.
        C'est un signe de bienveillance,
Pour notre enfance.
        C'est un signe de bonheur,
pour entendre notre cœur.
        C'est un signe d'affection,
Pour devenir bon .
        C'est un signe de guérison,
Pour sortir de cette prison.
        C'est un signe de présence,
Pour aider la souffrance.

        Et tous ces signes là,

                C'est le sourire.

Lisa

SOURIRE

Coup de cœur du jury régional

Si j'étais une souris,
Je viendrais près de toi à
Petits pas tout doucement,
Et je déposerais sur ta bouche
Mon message : "SOURIRE".

Si j'étais une licorne
Je déroulerais tout autour du monde
Mon immense banderole qui portera
Mon message : "SOURIRE".

Si j'étais un léopard
J'emporterais au bout du monde
Mon message : "SOURIRE".

Si j'étais une girafe
Je passerais ma tête au-dessus
Des arbres pour écrire dans le ciel
Mon message : "SOURIRE".

Si j'étais un oiseau
Je t'emmènerais dans le ciel
Vers les anges pour partager
Mon message : "SOURIRE".

Nawell

Merci, à tous les élèves des classes de Christine Chorvat et Marie-Christine Félice

Maud	BARTHOD
Cyril	BIETRY
Joseph	CAGNELLE
Quentin	CARLOT
Loris	COLAS-NONOTTE
Miguel	DAS-NEVES
Camille	DESALBRES
Eloise	DESOCHE
Marc	DORMOY
Augustin	DUCRET
Joshué	EUZEN
Jarod	FATH
Joseph	FETET
Alexandre	GARBUIO
Xavier	GRANGEOT
Lisa	LIGIER
Nawel	LOFTI
Léa	MARTINET JANNIN
Ayméric	MAYMAT
Philippe	MISTRULLI
Charles	MOISSONNIER
Edouard	MORDREFOY
Elise	PORTE
Charles	RAVESKI
Quentin	ROBINET
Kiarash	SHASAVARI BEDOUSTANI
Flora	SONNEY
Alice	VERWAERDE
Anaïs	WERNLE

Table des matières

École de Beausoleil   11
    Classe de Nicole Noiret
    Combs-la-Ville 77380

Ecole d' Eschentzwiller   25
    Classe de Christine Kritter
    Eschtenzwiller 68440

École Jules Ferry   51
    Classe de Noëlle Weber
    Vaison-la-Romaine 84110

École Emile Zola   69
    Classe de Claudette Meffre
    Vaison-la-Romaine 84110

École Saint-Joseph   85
    Classes de Christine Chorvat
    et de Marie-Françoise Félice
    Besançon 25 000